Weil Du mir so wichtig bist

Lena Frey

Weil Du mir so wichtig bist

111 Geschenke der Freundschaft

EHRENWIRTH

Für HRF

Vorwort

Ohne Freundschaften wäre die Welt ein trauriger Ort. Wer wollte mit uns über das Leben lachen? Wer wollte uns trösten, wenn wir Sorgen haben? Wer würde besser Höhen und Tiefen mit uns überwinden als ein guter Freund, eine liebe Freundin? Was verscheucht unsere Ängste und Selbstzweifel besser als ein Zeichen der Freundschaft?

Es sind die kleinen Gesten der Freundschaft, die uns glücklich machen: Es ist das Klingeln an der Tür, wenn man sich einsam fühlt. Es ist die ungebremste Freude an Winzigkeiten, wenn große Sprünge mal nicht möglich sind. Es ist die Gegenwart von jemandem, dem man sich nicht erklären muss, wenn einem die Worte fehlen. Es ist eine unvernünftige Nacht mit viel zu viel Wein und viel zu wenig Schlaf. Es ist die selbstverständliche

Freundschaft in Zeiten, in denen nichts mehr selbstverständlich scheint. Wenn wir uns als Freund oder Freundin angenommen fühlen dürfen, so wie wir sind, dann erfahren wir tiefe Geborgenheit – ein unschätzbares Geschenk, das man sich für kein Geld der Welt erkaufen kann. Wie oft vergessen wir das. Wie oft nehmen wir als gegeben hin, dass wir Menschen haben, die zu uns gehören.

Zeigen Sie Ihren Freunden doch hin und wieder, wie kostbar dieses Geschenk für Sie ist. Manchmal genügt schon ein einziges Wort.

»Freundschaft ist die Grundlage aller Menschlichkeit«, weiß Hannah Arendt. Dass Sie immer auf diese Grundlage bauen können, das wünscht Ihnen von Herzen

Ihre *Lena Frey*

Bei Dir kann

ich *einfach so sein*,

wie ich bin.

Deine Freundschaft ist

das Fenster in meinem Haus.

Mit Dir zu reden
macht mein *Herz*
so leicht.

Schwere Worte
finden sich
leichter *mit Dir*.

Mit Dir bin ich nie zu alt zum

Kirschkernspucken.

Mit Dir kann ich *lachen*,

auch wenn mir *zum Heulen* ist.

Deine Freundschaft
ist die Hand,
die mich *stützt*.

Du darfst mir
immer die
Wahrheit sagen.

Manchmal kennst Du mich

besser als ich *mich selbst*.

Du bist ein guter Grund

für gute Laune.

Bei Dir ist *Frieden*.

In Deiner
Freundschaft *wohnt*
die Liebe.

Von Dir lass ich mir

den Kopf *zurechtrücken.*

Du bleibst *bunt*,

wenn ich schwarzsehe.

Wenn nichts
mehr hilft,
hilfst Du.

Du bleibst
mir treu,
wenn ich
mir *untreu*
werde.

Mit Dir ist *nichts* peinlich.

Dir vertraue ich *blind.*

Schön, dass
Du mich magst,
auch wenn ich
mich selbst *nicht
leiden* kann.

Zwischen all den
fremden Leuten
Dein Gesicht zu sehen
schenkt mir ein
Gefühl von Heimat.

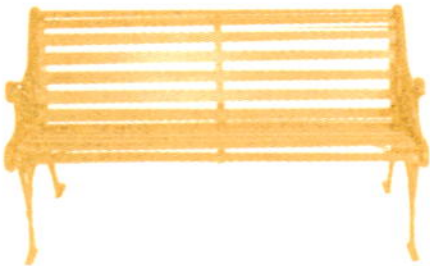

Du bist mein ganz privater *Luftkurort*,

bei Dir kann ich richtig durchatmen.

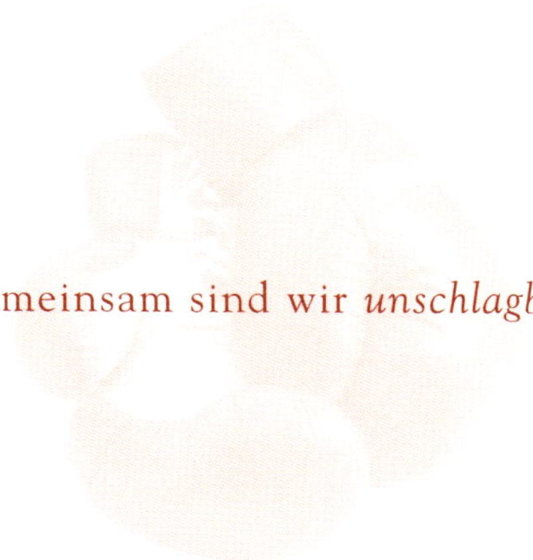

Gemeinsam sind wir *unschlagbar*.

Mit Dir
schmeckt das
Katerfrühstück
nicht nach
Katzenjammer.

Du bist das
Fundstück
des Jahres.

Mit Dir wird jede Hafenrundfahrt

zum *Abenteuertörn.*

Champagner aus *Deinem Keller*

prickelt besonders fein.

Mit Dir
macht *Vorsätze*
brechen
besonders viel
Spaß.

Du darfst
auch einfach mal
müde sein.

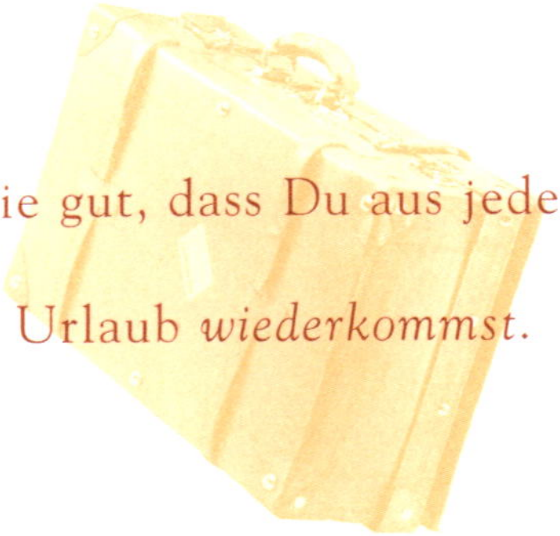

Wie gut, dass Du aus jedem

Urlaub *wiederkommst.*

Braun wären meine

Grünpflanzen ohne Dich.

Mit Dir auf
die Autobahn und
nichts *wie weg.*

Deine
Freundschaft
ist ein
Meilenstein an
meinem
Lebensweg.

Du bist die *Crema* auf meinem Espresso.

Du lässt mich nie *ohne Schirm*

im Regen stehen.

Ein Treffen mit
Freunden ist
wie ein *Brunnen*
in der Wüste.

Mit Dir an Bord
gehe ich nicht *auf*
Tauchstation.

In *Deinem Orchester* spiel ich

gern die zweite Geige.

Tage mit Dir sind *so erfrischend*

wie ein Himbeereis.

Schütte ruhig
Dein Herz aus,
es ist bei mir *in
guten Händen.*

Für Dich lege
ich gern die *Hand*
ins Feuer.

Mit *Deinem Namen* beginnt

das ABC der Freundschaft.

Nichts tut so gut wie *Nichtstun* mit Dir.

Wenn Du in
Schieflage bist,
will ich gern
für Dich
geradestehen.

Um nichts in
der Welt würde
ich unsere
Freundschaft
verspielen.

Um Dich wieder strahlen zu sehen,

geh ich *die Sonne polieren.*

Unsere Sandburg hält noch

jeder Sturmflut stand.

Du bist
mein *Netz* und
ich Dein
doppelter Boden.

Dir verzeihe
ich schlechte
Laune.

Wenn mein Radar versagt,

hältst Du mich *auf Kurs.*

Dir gebührt der *Freundschaftsnobelpreis.*

Dein Vertrauen
ist das schönste
G*eschenk*.

Wenn Du
aus dem
Häuschen bist,
bau ich
Dir ein Zelt.

Du kennst *meine wunden Punkte*

und passt auf, dass niemand sie trifft.

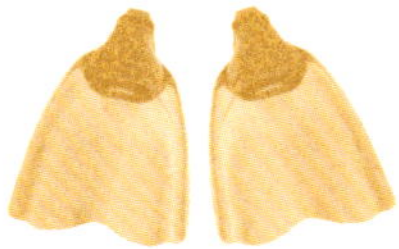

Wenn die Wellen

des Lebens *zu hoch schlagen*,

tauchen wir einfach ab.

Die *besten*
Flausen setzt Du mir
in den Kopf.

Dir glätte
ich alle
Sorgenfalten.

Ich koch Dir gern ein *Süppchen*,

wenn Dein Hühnerauge drückt.

Wenn Dich *der Teufel reitet*,

zünd ich das Höllenfeuer an.

Ich werde mich
nie *an Dir stoßen*,
denn ich mag
Deine Ecken und
Kanten.

Wenn ich *aus allen*
Wolken falle,
lande ich sicher
bei Dir.

Sind meine Träume begraben,

schaufelst Du sie frei.

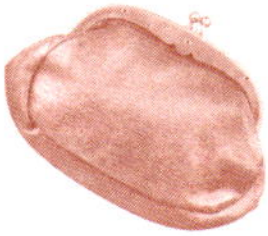

Unsere Freundschaft hört

bei *Geld* nicht auf.

In meinem
Chaos bist du
das G*enie*.

Wenn Du Sorgen hast, lass uns zusammen *Tränen lachen*.

Mit Dir ist *Balkonien* das

schönste Reiseziel.

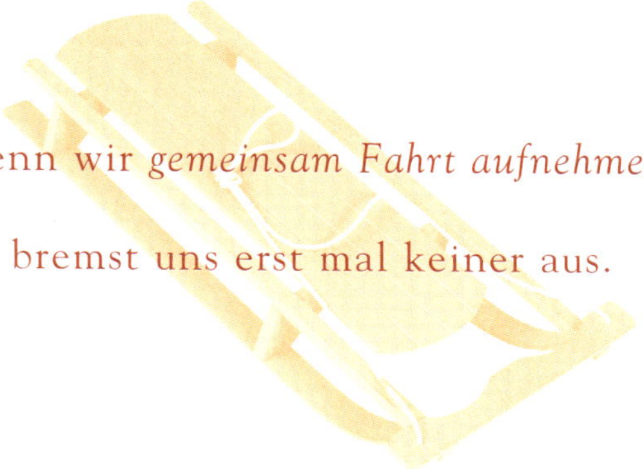

Wenn wir *gemeinsam Fahrt aufnehmen*,

bremst uns erst mal keiner aus.

Schwere Stunden
werden *leichter*
mit Dir.

Wie schön,
dass wir
voreinander
frei von
Eitelkeiten
sind.

Bist Du in Deinem *Schneckenhaus*,

klopf ich nur leise an.

Ich freue mich auf den nächsten

Regentag mit Dir.

Meine Tür
brauchst Du nicht
einzurennen, sie
steht Dir immer
offen.

Ich biete Dir
die *Stirn* und leihe
Dir mein *Ohr*.

Wir löffeln die Suppe *gemeinsam* aus.

Freunde sind Freude mit „n“.

Eine *Welt ohne Raum* wäre ich ohne Dich.

Wir diskutieren
immer *so*
harmonisch.

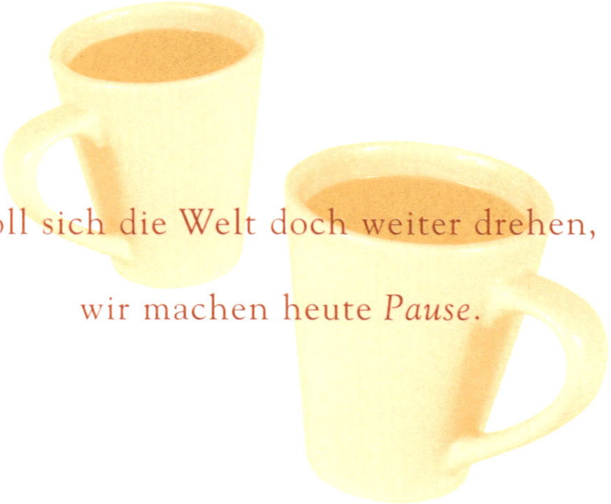

Soll sich die Welt doch weiter drehen,

wir machen heute *Pause.*

Du bist für meine Stimmung

das beste *Barometer*.

Im Dschungel
des Alltags
schwingst du
die *Machete*
und ich zähme
die *Tiger*.

Wir sind das
schrägste Duo:
*Du spielst falsch
Klavier, und
ich singe schief
dazu.*

Deine Freundschaft

ist ein *Dauerabo* für

Geborgenheit.

Gehen mit uns die Pferde durch,

sind wir das *erfolgreichste Gespann.*

Freundschaft
ist die Kunst
zu streiten,
ohne sich zu
entzweien.

Wenn wir
durch dunkle
Wälder gehen,
brauchen
wir nicht zu
pfeifen.

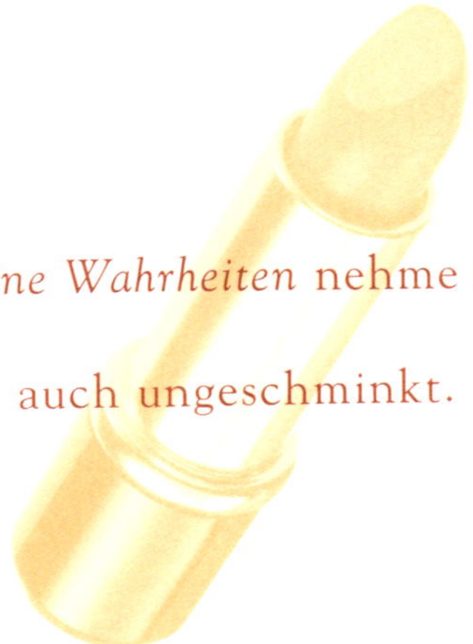

Deine Wahrheiten nehme ich
auch ungeschminkt.

Die einzigen Schlachten,

die wir schlagen,

sind *Kissenschlachten.*

Freundesland ist
grenzenlos.

Selbst beim Tanzen
würde es Dir nicht
gelingen, mir *auf die
Füße* zu treten.

Bei Dir muss ich nicht *gut Wetter* machen,

Du magst ja auch Gewitter.

Deine Geduld ist der Faden,

der nie reißt.

Nimm mir
nicht *krumm*,
dass ich mir
gerade Sorgen
mache.

Wir müssen nicht
wie Planeten
umeinander kreisen,
um zu wissen:
Wir sind uns nah.

Für Dich ist immer *Platz*

an meinem Tisch.

Eine tiefe Freundschaft braucht

nicht viele *Worte*.

Reibung erzeugt
Wärme.

Wenn der *Sturm*
bei Dir klingelt,
klopf bei mir an.

Wärst Du nicht mein Freund, würde ich mich glatt in Dich *verlieben.*

Für einen *heißen Draht zu Dir*

brauch ich kein Telefon.

Hätte jeder
einen Menschen
wie *Dich*,
wäre die Welt
ein freundlicher
Ort.

Mir Dir ist
kein Neuland
unbekannt.

Bei *Höhenflügen* bist Du mein Fallschirm.

Deine Psychosen sind wie

Dornen mit Rosen.

Wozu brauchen
wir Theater,
die *schönsten*
Komödien spielen
wir selbst.

Für mich gibt es
keine Seenot,
denn Du bist *mein*
Rettungsboot.

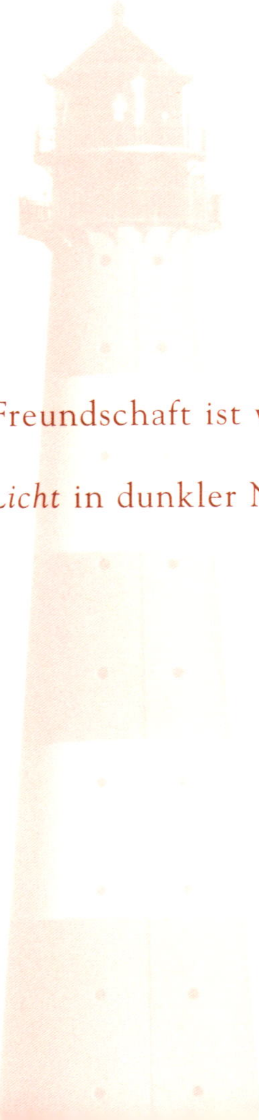

Deine Freundschaft ist wie ein

helles Licht in dunkler Nacht.

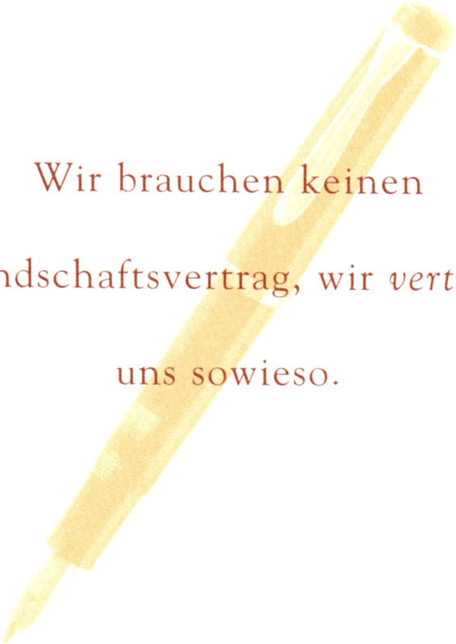

Wir brauchen keinen

Freundschaftsvertrag, wir *vertragen*

uns sowieso.

Du bist mein
Kummerkasten
und meine
Zauberkiste.

Freundeshand
lässt niemals los.

Deine Küchenbank ist

die *Südseeinsel* unseres Alltags.

In unserer Freundschaft ist *Faulenzen*

kein Kündigungsgrund.

Was es auch ist,
Dir kann
ich's gestehen.

Von mir für Dich:

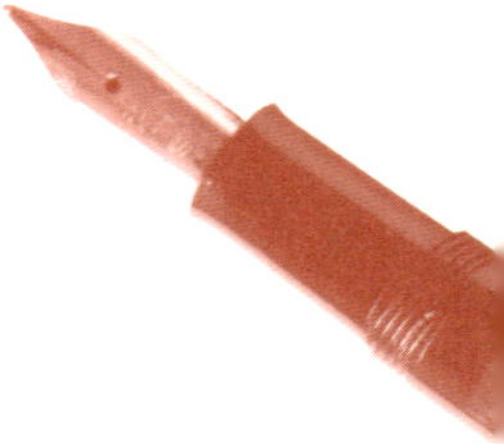

Von mir für Dich:

....

....

....

Von mir für Dich:

....

....

....

Von mir für Dich:

....

....

....

Von mir für Dich:

Bildnachweis:
PhotoDisc: S. 9, 38, 46, 49, 90, 117, 122, 125;
Ingram Publishing: S. 10, 21, 25, 26, 29, 33, 42, 45,
54, 57, 58, 61, 62, 74, 85, 98; Back Arts: S. 13, 14,
30, 37, 65, 77, 93, 106; Stockbyte: S. 18, 110;
MH Foto Design: S. 22, 50, 53, 70;
Michael Breuer: S. 17, 34, 66, 69, 73, 78, 81, 82, 86,
89, 97, 101, 102, 105, 109, 114, 118, 121;
Imagesource: S. 41; Christina Krutz: S. 94, 113

Ehrenwirth
in der Verlagsgruppe Lübbe

Originalausgabe

Gesamtgestaltung und Satz: Christina Krutz Design
Druck und Einband: Ebner & Spiegel, Ulm

Printed in Germany

ISBN 978-3-431-03711-1
1 3 5 4 2

Sie finden uns im Internet unter
www.luebbe.de

Glück ist nicht käuflich,
es zu verschenken jedoch so einfach.

Lena Frey
WAS ICH DIR GERN
SCHENKEN MÖCHTE
111 besondere Wünsche
128 Seiten
Gebunden
mit Schutzumschlag
ISBN 978-3-431-03622-0

Wünsche haben eine ganz eigene Kraft, sie beflügeln die Seele. Mit nur wenigen Worten können Sie auf einzigartige Weise Ihre Zuneigung ausdrücken.
Lena Frey hat ein beeindruckendes Gespür für die besonderen Momente und schildert diese in den schönsten Farben und Bildern.

111 Kostbarkeiten, die bezaubern und keine Wünsche offen lassen …

Ehrenwirth